كفَّان تكفيان؟!

تأليف: د.محمد الدرويش

رسوم: أمجاد حبتور

دار الرُّقــيّ

للطباعة والنشر والتوزيع

دار الرُّقيّ

للطباعة والنشر والتوزيع

خـليـوي: 00961 3 235949
تلفاكس: 00961 7 920158
ص.ب: 4101 بيروت - لبنان

كفّان تَكْفيان؟!

جلسَ «نور» على رملِ الشَّاطئ بجانبِ والدِهِ وأخذَ يسمعُ أصواتَ طيورِ النَّورسِ وهديرِ أمواجِ البحرِ التي تلامسُ قدميهِ بين الحينِ والآخرِ...

تمنَّى «نور» أن يستمتعَ بالمنظرِ السَّاحر.. منظرِ غروبِ الشَّمس: «لو كنتُ مُبْصِراً لشاهدْتُ وداعَ شمسِ اليومِ... منذُ عدَّةِ سنواتٍ لم أشهدْ هذهِ اللَّحظات.. لا أرى شروقَ الشَّمسِ ولا أرى مغيبَها...».. قبضَ «نور» على الرَّملِ بيدِهِ ونهضَ

واقفاً وسالت دمعةٌ من عينِهِ.. لاحظَ والدُ «نور» ذلـك فاحتضنَ ابنَهُ وقال: «ابنـي الحبيب.. أتمنَّى أن لا أرى الدُّمـوع في عينيك».. سـالت دمعـةٌ أخرى على خـدِّ الفتى اليافِع وقال: «هل لاحظتَ يا أبي.. أنتَ تقـولُ.. أتمنَّى أن لا أرى الدموع في عينيك وأنا أتمنَّى أن أرى أيَّ شيء.. أيَّ شيء».

ـ اهدأْ يا بُنيَّ.. هذهِ مشيئةُ اللهِ عزَّ وجلَّ.

ـ الحمدُ للَّهِ على كلِّ حال...

ـ لقد أتيْنا إلى شـاطئِ البحرِ كي نستمتعَ بالجوِّ اللَّطيفِ..

ـ هل تذكرُ يا ابي؟.. هل تذكرُ القلاعَ والحصونَ التي كنتُ أصنعُها من الرِّمال؟.. هل تذكر؟..

ـ نعمْ.. أذكر.. كانتْ مجسِّماتٍ رائعة..

ـ نعمْ يا أبي.. كانتْ.. كانتْ مجسماتٍ رائعة.. أمّا الآن.. الرِّمال موجودةٌ لكن قلاعي وحصوني انهارتْ ولا أستطيعُ بناءَها من جديد..

ـ هـوِّن عليـكَ يـا بُنـيَّ.. قلاعُـكَ وحصونُـكَ موجودةٌ في داخلِكَ وهي ملتصقةٌ بمسامات أصابعكَ وسيأتي يومٌ ما بإذنِ الله وستعيدُ تشكيلَها منْ جديد.. كُنْ متفائلاً..

ـ كيـف أتفـاءلُ يا أبي؟.. كيـف؟.. أنت تعرفُ جيِّداً أنَّهُ لا أملَ في استعادةِ بصري..

ـ لا تفقـدِ الأمـلَ يا بُنـيَّ.. أرجوكَ.. لا تسـمحْ لليأسِ أن يدخلَ إلى نفسِك..

ـ سأحاولُ يا أبي.. سأحاول..

ـ هيَّا يا بُنيَّ.. يجبُ أن نستعدَّ للذَّهابِ إلى الحفلةِ الموسيقيَّةِ.. الوقتُ يمرُّ بسرعة..

في الطَّريقِ إلى مسرحِ المدينةِ استعادَ «نور» شريطَ الذِّكرياتِ في ذهنِهِ: طفولةٌ رائعةٌ وأحلامٌ كثيرةٌ وهواياتٌ متعددةٌ.. «أطفئوا الأنوارَ.. جاءَ «نور» عائلتِنا».. عبارةٌ كانت تردِّدُها أمُّهُ عندَ عودتِهِ من المدرسةِ.. الجميعُ يحبُّ «نور».. يأتي الفرحُ عندما يأتي «نور».. تتحلَّقُ العائلةُ حولَهُ ويبدأُ عرضُهُ الكوميديُّ اليوميَّ: تقليدُ الأشخاصِ.. ينفجرُ الأبُ ضاحكاً كلَّ مرَّةٍ وكذلكَ أمُّهُ وإخوتُهُ.. تسألُهُ أمُّهُ: «ماذا تتمنَّى أنْ تكونَ في المستقبلِ يا «نور»: مهندسَ ديكور.. ممثلاً.. لاعباً محترِفاً؟

نعمْ.. أمنياتٌ كثيرةٌ. اختارَتْ مهندسَ ديكورٍ: لأنَّهُ كان يهوى تشكيلَ مجسَّماتِ طينِ الصَّلصال.. الممثّل لأنّه يكفي أن يرى «نور» الشَّخص مرَّةً واحدةً حتى ينسجَ لوحةً كوميديَّةً تخصُّ هذا الشَّخص.. أمّا اللاعبُ المحترفُ: فلأنَّ براعتَهُ في لعبةِ كرةِ القدمِ يشهدُ لها الجميع..

كَبُرَ «نور» ومرضَ بشكلٍ مفاجئٍ وبعد أشهرٍ فقدَ بصرَهُ..

كَرَبٌ هائلٌ حلَّ بالعائلةِ السَّعيدة..

مرَّت سنةٌ كاملةٌ بين المشافي والأطبّاءِ والتحاليلِ المخبريَّةِ لكنْ من دون جدوى..

رفضَ «نور» الذّهابَ إلى المدرسةِ واستغرقَ

إقناعُهُ بالذَّهابِ إلى مركزِ المكفوفينَ وقتاً طويلاً..

يتابعُ «نور» دراسَتهُ مع أقرانِهِ وتحاولُ العائلةُ أن تشـيعَ جوّاً مـن الحُبِّ والحنانِ حـول الفتى الذي فقدَ أغلى حواسِّهِ.

وصل «نور» مع أبيه إلى مبنى المسرحِ وبدأتِ الحفلـةُ بعـزفٍ منفـردٍ علـى آلـةِ العودِ.. تسـلَّلتِ النَّغماتُ الرَّقيقةُ إلى قلـبِ الفتى الحزينِ وتلوّنتْ أحاسيسهُ مع تمايلِ الألحانِ الحزينةِ تارةً والفرحةِ تارةً أخرى.. منذُ زمنٍ طويلٍ لم ينبضْ قلبُهُ بالفرح.

في نهايةِ الحفلةِ سأل «نور» والدَهُ عنْ عازفِ آلةِ العودِ فأخبَرَهُ أحدُهم أنه السَّيِّد «نافع».. إنَّه عازفٌ مشهورٌ..

همسَ «نور» في أذنِ والدِهِ: «هل أستطيعُ مقابلة العازف؟»...

استغربَ الأبُ: «لماذا؟»؟

ـ «أريدُ أن أعبّرَ لهُ عن إعجابي بعزفِهِ الجميل»..

ـ «حسناً.. انتظرْني هُنا يا بني».

جلس «نور» على مقعدٍ في بهوِ المسرحِ وفكّر: «لمـاذا تأثّرتُ بألحانِ العـازف؟ ما هو السِّرُّ في ذلك؟»..

سـمعَ «نـور» صوتَ أبيـهِ مقترباً مِنْـهُ: «هذا هو ابنـي «نـور».. إنـه يـودُّ أن يعبّرَ لـكَ عـن إعجابِهِ بعزفِـكَ الجميل»، قال السَّيِّدُ «نافع» مازحاً: «هل استنتجُ من ذلك أنّ العزفَ أعجبَ ابنَك فقط؟».

ضحِك الأبُ وقال: «لا.. بالطَّبعِ أعجبَني أيضاً».

قال الأبُ: «هـذا هو السَّيِّدُ «نافعُ» يا «نور».. أمهرُ عازفِ عودٍ في البلد».

وقفَ «نور» أمامَ السَّيِّدِ «نافع» وقال: «كان عزفاً رائعـاً». أجابَ السَّيِّدُ «نافع»: أشكرُ إحساسَكَ المُرْهف.. إنها بادرةٌ لطيفةٌ منْك».

مَدَّ «نور» يدَهُ محاولاً مصافحة السَّيد «نافع».. لم يمدَّ السَّيِّدُ «نافع» يدَهُ لأنه كفيفٌ أيضاً!..

أمسكَ والِدُ «نور» بيدِ ابنِهِ وقرَّبَها باتِّجاهِ يد السَّيِّدِ «نافع» وقال: ابني يريدُ مصافحتَكَ يا أستاذ «نافع».. ابتسمَ! السَّيِّدُ «نافع» ومَدَّ يدَه مصافحاً

وقال: «عذراً يا «نور»... أنا لستُ مغروراً لكنّي لا أرى يـدك!» وهنا أجابَ «نور»: وأنا أيضاً لا أرى يدَك... هل أنت؟!».

ابتسـم الأسـتاذُ «نافع» وقال: «نعمْ أنا كفيفٌ.. وهل أنت؟!»...

ابتسـمَ «نـور» وقـال: نعمْ أنا كفيفٌ... يا للمصادفة!»..

قال الأب: «أتشـرَّفُ بدعوتِكَ لزيارتِنا يا أستاذ «نافع»..

وافقَ «نافع» وذهبَ الجميعُ إلى بيت «نور».. استقبلتِ الأمُّ وإخوةُ «نور» الثلاثةُ الزَّائرَ الجديدَ وجلسَ الجميعُ في صالونِ المنزل..

تحدَّثَ الأستاذُ «نافع» عن إعاقتِهِ البصريَّةِ وحبِّهِ للعزفِ منذ طفولتِهِ... وإصرارِهِ على مواصلةِ العزفِ حتَّى بعدَ فقدانِ بصرِهِ وقالَ: «أشعرُ بجمالِ الموسيقى عندَما أسمعُها وأردْتُ أن أنقلَ هذا الجمالَ إلى الآخرينَ عبرَ نغماتِ العودِ»، ثم سألَ: «هل لديكَ هواياتٌ يا نور؟»..

صمت «نور» قليلاً ثم قال: «نعمْ... قبلَ أن أفقدَ بصري كنتُ أهوى تشكيلَ الأجسامِ من الصّلصال... كنت أشكّلُ أجساماً رائعةً وبخاصةٍ تلكَ التي تحاكي وجوهَ الأشخاصِ.. لديَّ بعضُ المجسماتِ في غرفتي... إنّها جميلةٌ جداً»، ثم توقَّف «نور» عن الكلام..

قالَ الأستاذُ «نافع»: «هل يمكنُني أن أراها؟!»..

دُهـِشَ نور مـن طلبِ السَّـيِّدِ «نافع» وقـال الأب:
«عذراً سيّد «نافع» ... لكن!...».

ابتسـمَ السَّـيِّد «نافع» وقال: «لا تستغربوا...
إذا لمسـتُ هـذه المجسَّـماتِ يمكنُني أن أشعرَ
بجمالِها... وكأنّني أراها... تماماً كالموسيقى..
أنا لا أرى الموسـيقى لكنّي أشعرُ بجمالِها بمجرَّدِ
سماعِها».

تردَّد صدى هـذه العبارة.. «أنا لا أرى الموسـيقى
لكنّي أشعرُ بجمالِها».. في عقلِ الفتى اليافعِ وأعماقِه.

اصطحبَ «نور» السَّـيِّد «نافع» إلـى الغرفةِ مع
والـدِهِ وأخذَ العازفُ الماهرُ يتلمَّسُ المجسـماتِ
التـي صنعَها «نـور»، ثم تناولَ العـودَ وأخذَ يعزفُ
ألحاناً حزينةً...

بعد برهةٍ أنهى السَّيِّدُ «نافع» عزفه وقال: «عندما لمستُ مجسماتِك يا «نور» أوحَتْ لي بهذه الألحان.. إنَّها وجوهٌ حزينةٌ لماذا لا تصنعُ وجوهاً فرِحة!!».

استغرب «نور» وقال: «كيف أصنعُها؟! أنا لا أرى مطلقاً!».

ابتسمَ «نافع» وقال: «يمكنُكَ أن تلمسَ وجوهاً حقيقيَّةً بيدِكَ ثم حاولْ أن تنقلَ تفاصيلَ الوجوهِ إلى الصَّلصالِ الطِّينيِّ.. لن تخسرَ شيئاً إذا حاولت».

صمَتَ «نور» قليلاً ثم قال: «قد تكونُ النتيجةُ مضحكةً ولا تشبهُ الوجوهَ الحقيقيَّة وسيسخرُ الجميعُ منِّي!»...

«نافع»: «لن يسخرَ أحدٌ منك.. أنا متأكّدٌ.. تلمّسْ وجهي الآنَ واصنعْ مجسماً له».. . هنا ارتبكَ الفتى اليافعُ وقال: «عذراً يا سيّد «نافع» لكنّي لستُ جاهزاً.. ليس لديَّ صلصال.. هل يمكنُك تأجيلُ هذا الأمرِ لوقتٍ آخر؟».

هنا تدخلَ الأبُ وطلبَ من السّيّد «نافع» أن يؤجِّلَ الأمرَ إلى عطلةِ نهايةِ الأسبوع. وافقَ السّيّد «نافع» وقال: سآتي في نهايةِ الأسبوعِ ولا بُدّ أنَّني سأحصلُ على مجسَّمٍ جميل».. .

انتهتْ زيارةُ العازفِ الضّريرِ وجلسَ «نور» مع أبيه.. .

كان «نور» حزيناً: قبلَ أن أفقدَ بصري كنتُ أشكِّلُ الأجسامَ التي أراها وأقارنُ بينَها وبينَ

المجسَّماتِ ثم أُصلِحُ عيوبَها أما الآن فأنا لا أرى الأجسامَ ولا أرى المجسمات.. لنْ أستطيعَ العودةَ لممارسةِ هوايتي.. إنه أمرٌ مستحيل...

شـعرَ الأبُ بحزنِ ابنِهِ واقتربَ منهُ مواسياً: «لا تحـزنْ يا بنيّ... لا يمكنُكَ توقّعُ الفشلِ قبل أن تجرِّبَ البـدءَ بالعمل.. ربمـا تنجحُ فكرةُ السَّيِّد «نافـع».. قاطعَهُ «نـور»: وربّما تفشـل!.. وعندها سأكونُ مادَّةً للسُّخرية».

قالَ الأبُ: «من سيسـخرُ منْكَ يا بُنيّ؟! لن يرى أحدٌ أعمالَكَ سوى عائلتِكَ.. أنا وأمّك وإخوتِك.

ـ «والسَّيّد «نافع»؟».

ـ السَّيّد «نافع» ضرير لا يرى.

ـ لكنَّه سيراها بإحساسِه!.. سيتلمَّسُ المجسَّماتِ وسيكتشفُ فشلي!...

ـ لماذا تصرُّ على كلمةِ فشل؟! تبدو هذه الكلمةُ وكأنَّها عنوانُ حياتِكَ.. لقد رفضتَ الذَّهابَ إلى المدرسةِ، وبصعوبةٍ اقتنعتَ بالدَّوامِ في مركزِ المكفوفينَ لأنَّكَ تخافُ الفشلَ على الرُّغمِ من أنَّكَ فتى ذكيٌّ بشهادةِ الجميع.. ضاعت سنةٌ كاملةٌ بدونِ دراسةٍ لأنَّكَ تخافُ الفشلَ.. والآن يبرزُ أملٌ جديدٌ وتريدُ أن تطفئهُ بهذهِ الكلمة.. يا بُنيَّ.. اسمُكَ «نور» فأرجو أن ترى النُّورَ في عقلِك.. اطردْ ظلامَ الفشلِ منهُ وابدأ حياةً جديدةً مليئةً بالتَّفاؤلِ والأمل..

تدحرجتِ الدُّموعُ على وجنتَي الفتى الحزينِ

وأجهـشَ بالبكاء... احتضنَ الأبُ ابنَهُ وقال باكياً: «سـامحْني يا بنيَّ لقدْ أثقلتُ عليكَ بالكلام، لكنـي أودُّ أن تبدأ حياتَكَ من جديد.. وأتمنَّى أن تعـودَ السَّعادةُ إليك وإلى منزلنا.. لـن أفقدَ الأملَ بشـفائك.. ساعدْنا يـا ولـدي كي نتخطَّى هذه المحنة»..

تأثَّر «نور» بكلامِ والدِهِ وشـعرَ بالذَّنبِ فانكبَّ عليه وأخذَ يقبِّلُ يدَهُ ويدَ أمِّهِ وقال للجميع باكياً: «سـامحوني.. أرجوكم.. لقد تسـبَّبتُ بكثيرٍ من الألمِ والحزنِ لكم...».

بكـى إخوة نـور أيضاً.. إنهم يشـعرونَ بمعاناةِ أخيهـم.. وهو يحبُّهـم لكنه يتألَّم لأنـه لا يراهم.. قال «نور»: «سامحوني يا إخوتي»....

رَدَّ «عادل» وهو الأخُ الأصغر: «أنا أدعو اللهَ كلَّ يومٍ أن تشفى».. وقالَ «سالم»، الأخُ الأوسط: «نتمنَّى من اللهِ عزَّ وجلَّ أن تشفى من مرضِكَ وأن تعودَ إلى حالتِكَ الطَّبيعية».. تدفَّقتْ كلماتُ إخوةِ «نور» على مسامعِهِ وفاضَتْ حناناً وحباً..

استقبلتِ العائلةُ السَّيِّد «نافع» في عطلةِ نهايةِ الأسبوع واستعدَّ «نور» لزيارةِ العازفِ الضَّريرِ: جهَّزَ طينَ الصَّلصالِ وأدواتٍ مساعِدَةً لتشكيلِ المجسَّمات.

جلسَ السَّيِّد «نافع» أمامَ «نور» وقال باسماً: «أقبلُ أن يكونَ أباك حَكَماً على جودةِ عملِكَ يا «نور»... هل أنت موافقٌ؟!».. أجاب الفتى المنشغلُ بتحضيرِ الطِّين: «نعم.. نعم».

غسَل «نور» يديه وأخـذَ يتلمَّسُ وجهَ السَّيِّد «نافع» ثمّ بدأ بتشكيلِ مجسّمٍ لوجهِ الزَّائرِ اللَّطيف.

أنهـى «نور» عمله وقـال: «أنهيت عملي الآن.. ما رأيك يا أبي؟!».

ـ رائعٌ.. أنت مذهلٌ يا «نور».. مذهل.

ـ هل تمزحُ يا والدي.. مذهل؟!

ـ نعم.. ما رأيُكِ يا أمّ «نور»؟!

ـ رائعٌ يا ولدي.. رائعٌ.. أنا فخورةٌ بك.

ضحكَ العازفُ وقال: «لمـاذا لا تسـألني يا «نور»؟!

ضحكَ «نور» وقال: «أنا وأنت في الهمِّ سواء.. لا نستطيعُ رؤيةَ المجسَّم».

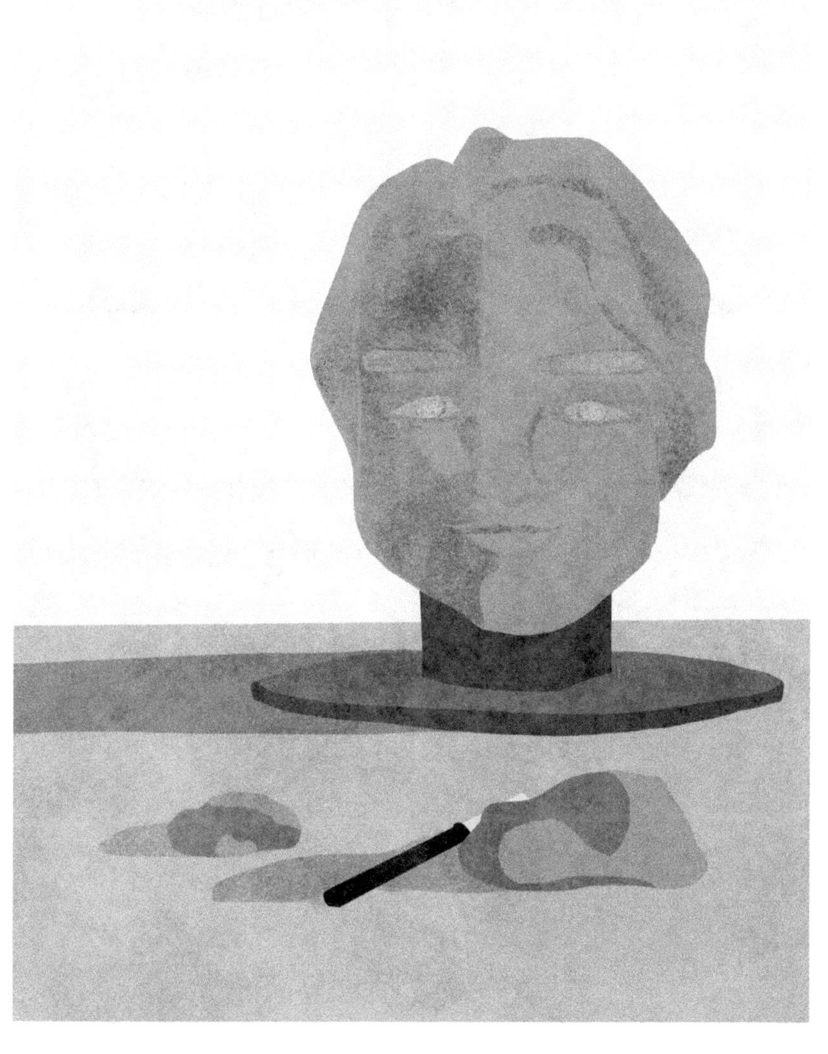

هنـا وقـفَ السَّيِّد «نافـع» وقـال: «لا .. لا .. أنا أستطيعُ أن أرى المجسَّم بإحساسي.. هل يمكُنني أن ألمسَهُ؟!».

ـ طبعاً.. طبعاً.

لمسَ السَّيِّد «نافـع» المجسَّمَ الطِّينيَّ! وأخذَ يدنـدنُ بفمِـهِ لحنـاً ما ثم قـال: «ممتازٌ يا «نور».. هذا المجسَّمُ يُشبهني.. أنا لا أراه لكنّي أشعرُ به.. نعم.. إنه يشبهني».

نجحَتْ فكرةُ السيِّد نافـع وعـادتِ الحياةُ إلى أناملِ الفتى الكفيفِ وتغيَّرتْ حياتُهُ جذريّاً.. عاد إلى ممارسةِ هوايتِهِ من جديد وسـاعدَتْهُ مدرِّسـةُ الفنونِ في مركزِ المكفوفين..

بعد فترةٍ مـزج «نور» بين هواياتِـهِ القديمةِ وقامَ بعملٍ مسرحيٍّ بمشاركةِ العازفِ الماهر.. عملٍ كوميديٍّ يسردُ فيـه الفتى الضَّريرُ سيرةَ حياةِ شـخصٍ ما مـن خلال مجسَّمٍ ضاحكٍ لوجهِهِ.. ولقيَ العرضُ نجاحاً باهراً.

كفَّان تُكَفِّيان؟!
تأليف: د.محمد الدرويش
رسوم: أمجاد حبتور

دار الرُّقيّ
للطباعة والنشر والتوزيع

خليوي : 235949 3 00961 - ص.ب.4101 بيروت - لبنان
تليفاكس 920158 7 00961 - 009611310653
Website: www.alrouqy.com   Email: info@alrouqy.com

9 786144 620359

عمروش

تأليف: جميل الرفاعي

رسوم: نور التوبة

دار الرُّقيّ

للطباعة والنشر والتوزيع

دار الرُّقيّ

للطباعة والنشر والتوزيع

خـــلـيــوي: 00961 3 235949

تلفاكس: 00961 7 920158

ص.ب: 4101 بيروت - لبنان

عمرو يرسم عالمه

عَمْرُو طِفْلٌ فِي العَاشِرَةِ مِنْ عُمُرِهِ، عَشِقَ الرَّسْمَ وَالقِرَاءَةَ مُنْذُ دَخَلَ المَدْرَسَةَ، كَانَ يَقْضِي مُعْظَمَ وَقْتِهِ فِي قِرَاءَةِ الكُتُبِ وَالقِصَصِ الَّتِي تَتَمَيَّزُ بِالأَحْدَاثِ الخَيَالِيَّةِ، وَكَانَ دَائِماً يَقُولُ:

‫*‬ أُحِبُّ عَالَمَ الخَيَالِ... تَعَوَّدْتُ أَنْ أُغْمِضَ عَيْنَيَّ وَأُبْحِرَ فِي عَوَالِمَ مِنَ الخَيَالِ مُخْتَلِفَةٍ كُلِّيّاً عَنْ عَوَالِمِ خَيَالِ الكُتَّابِ الَّذِينَ قَرَأْتُ قِصَصَهُمْ...

اليَوْمَ وَعَلَى غَيْرِ عَادَتِهِ أَحَسَّ بِحَالَةٍ مِنَ المَلَلِ مِنَ القِصَصِ الَّتِي يَقْرَؤُهَا، فَكُلُّهَا أَصْبَحَتْ فِي نَظَرِهِ تَتَشَابَهُ فِي مَوْضُوعَاتِهَا وَفِي أُسْلُوبِ كِتَابَتِهَا رُغْمَ

اخْتِلافِ كُتَّابِهَا.

وَبَعْدَ طُولِ تَفْكِيرٍ وَصَلَ عَمْروٌ إِلَى قَرَارٍ لَمْ يَتَوَصَّلْ إِلَيْهِ طِفْلٌ فِي مِثْلِ عُمْرِهِ، قَرَّرَ أَنْ يُجَسِّدَ عَالَمَ الخَيَالِ الَّذِي يُبْحِرُ فِيهِ دَائِماً.

فِي صَبَاحِ يَوْمٍ طَلَبَ مِنْ أُمِّهِ أَنْ تَسْمَحَ لَهُ أَنْ يَلْعَبَ فِي مَخْزَنِ البَيْتِ.

أَخَذَ أَدَوَاتِ رَسْمِهِ وَقَامَ بِتَنْظِيفِ المَخْزَنِ، ثُمَّ حَضَّرَ الفُرْشَاةَ وَالأَقْلامَ وَالأَلْوَانَ وَبَدَأَ يَرْسُمُ وَيَرْسُمُ حَيَوَانَاتٍ... وُجُوهاً... بِحَاراً... جِبَالاً... أَشْجَاراً... زُهُوراً. وَرَسَمَ رَسْمَةً لِطَائِرٍ غَرِيبِ الشَّكْلِ كَبِيرِ الحَجْمِ مِنْ أَجْلِ أَنْ يُحَوِّلَهَا إِلَى لُعَبٍ وَأَشْكَالٍ مُجَسَّمَةٍ.

نَظَرَ عَمْروٌ إِلَى هَذَا الطَّائِرِ نَفْسَ النَّظْرَةِ الَّتِي كَانَ يَدْخُلُ بِهَا إِلَى عَالَمِهِ الخَيَالِيِّ، فَرَآهُ كَائِناً حَيَّاً يَنْفُضُ

رِيشَهُ وَيَنْتَفِضُ وَاقِفاً عَلَى سَطْحِ الوَرَقةِ الَّتِي رَسَمَ عَلَيْها.

ابْتَسَمَ عَمْروٌ، ثُمَّ قَهْقَهَ بِصَوْتٍ عَالٍ وَقَالَ مُحَدِّثاً نَفْسَهُ:

* غَيرُ مَعْقُولٍ!! هَلْ هَذا وَاقِعٌ أَمْ خَيَالٌ...؟

* صَباحُ الخَيرِ! أَنا الجِنِّيُّ عَمْرُوشٍ... لَا تَسْتَغْرِب فَأَنا مَعَكَ فِي الوَاقِعِ... لَقَدْ أَدْخَلْتَنِي إِلَى عَالَمِكَ!! مَنْ أَنْتَ؟ قَالَ الطَّائِرُ وَهُوَ يَتَثَاءَبُ.

فَرَكَ عَمْروٌ عَيْنَيْهِ وَقَالَ:

* يَا إِلَهِي.. جِنِّيٌّ... عَمْرُوشٌ!؟

هَلْ مَا كُنْتَ تَتَخَيَّلُهُ كَانَ مُجَرَّدَ أَحْلَامٍ أَمْ كَانَ وَاقِعاً يَا عَمْرو.. هَلْ تَحَقَّقَ مَا كُنْتَ أَحْلُمُ بِهِ؟

* صَبَاحُ الخَيْرِ يَا عَمْرو...! كَرَّرَ عَمْرُوش.

مِنْ مُفَاجَأَةٍ إِلَى مُفَاجَأَةٍ وَعَمْرُو غَيْرُ مُصَدِّقٍ لِمَا يَحْدُثُ مَعَهُ، وَقَالَ مُخَاطِباً عَمْرُوش:

* أَنْتَ تَتَكَلَّمُ!! كَيْفَ عَرَفْتَ اسْمِي؟ هَذَا شَيْءٌ لَا يُصَدَّقُ.. مَنْ أَنْتَ؟ وَمَا هِيَ قِصَّتُكَ؟

قَفَزَ عَمْرُوش مِنْ صَفْحَةِ الرَّسْمِ وتَغَيَّرَ شَكْلُهُ أَثْنَاءَ قَفْزِهِ وَأَصْبَحَ أَقْرَبَ مَا يَكُونُ مِنْ شَكْلِ الإِنْسَانِ، وَقَالَ:

* هَـذِهِ قِصَّةٌ طَوِيلَةٌ وَقَدِيمَةٌ، فَنَحْنُ فِي عَالَمِ الجِنِّ نَتَشَابَهُ مَعَ عَالَمِ الإِنْسِ، فَمِنَّا مَنْ هُوَ شِرِّيرٌ وَمِنَّا مَنْ هُوَ خَيِّرٌ، وَأَنَا لَسْتُ مِنَ الأَشْرَارِ، وَكُنْتُ دَائِماً أَقِفُ فِي وَجْهِ مَنْ يَظْلِمُ الآخَرِينَ... وَفِي يَوْمٍ مِنَ الأَيَّامِ، وَقَفْتُ فِي وَجْهِ جِنِّيٍّ شِرِّيرٍ، وَكُلَّمَا تَحَوَّلَ إِلَى شَكْلٍ تَحَوَّلْتُ

إِلَيْهِ، وَعِنْدَمَا لَمْ يَقْدِرْ عَلَيَّ تَحَدَّانِي فِي الرَّسْمِ، وَقَالَ: مَنْ لَا يُتْقِنُ رَسْمَ صُورَةِ الآخَرِ عَلَى الشَّكْلِ الَّذِي هُوَ عَلَيْهِ سَيَكُونُ هُوَ المَهْزُومَ، وَلَيْسَ مِنْ حَقِّهِ أَنْ يَعْتَرِضَ عَلَى مَا يَقُومُ بِهِ الآخَرُ... وَلِأَنَّي مِثْلُكَ أُجِيدُ الرَّسْمَ فَقَدْ وَافَقْتُ، وَبَدَأْنَا الرَّسْمَ... وَلَمْ أَكُنْ أَعْرِفُ أَنَّهُ يُتْقِنُ السِّحْرَ، فَبَعْدَ أَنْ أَنْهَى رَسْمَ صُورَتِي قَامَ بِمَسْحِهَا عَنِ الوَرَقَةِ فَاخْتَفَيْتُ عَنِ الأَنْظَارِ... وَمُنْذُ ذَلِكَ اليَوْمِ لَمْ أَسْتَطِع الظُّهُورَ أَمَامَ أَحَدٍ، وَلَمْ يَعُدْ أَحَدٌ قَادِراً عَلَى مُشَاهَدَتِي أَوْ سَمَاعِ صَوْتِي.

أَثَارَتْ قِصَّةُ الجِنِّيِّ الطَّيِّبِ عَمْرُوشْ فُضُولَ عَمْرٍو، وَتَزَاحَمَتِ الأَسْئِلَةُ فِي ذِهْنِهِ... وَقَبْلَ أَنْ يَسْأَلَهُ عَنْ طُولِ سِنِينَ هَذَا الاخْتِفَاءِ، وَكَيْفَ لَمْ يَجِدْ مَنْ يَسْتَطِيعُ إِظْهَارَهُ مِنْ جَدِيدٍ، وَلِمَاذَا ظَهَرَ الآنَ، قَرَأَ الجِنِّيُّ عَمْرُوشْ مَا يَدُورُ فِي ذِهْنِ عَمْرٍو وَقَالَ:

* عِنْدَما سَيْطَرَ الجِنِّيُّ الشِّرِّيرُ عَلَيَّ مِنْ خِلالِ الرَّسْمَةِ وَبَدَأَ بِمَسْحِها، قَالَ لِي بِأَنَّني لَنْ أَعُودَ إِلَى طَبِيعَتي إِلاَّ إِذَا اسْتَطَاعَ أَحَدٌ أَنْ يَرْسُمَ مَلامِحِي مِنْ جَدِيدٍ... وَكَانَ هَذَا مِنَ المُسْتَحِيلاَتِ، لِأَنَّ أَصْدِقَائِي مِنَ الجِنِّ لَمْ يَعْرِفُوا هَذَا الشَّرْطَ... فَكَيْفَ لِأَحَدٍ طَبِيعِيٍّ أَنْ يَعْرِفَهُ...؟ ومَرَّتْ سِنُونَ طَوِيلَةٌ وَأَنَا أَنْتَقِلُ مِنْ عَالَمٍ إِلَى عَالَمٍ، وسَكَنْتُ فِي بُيُوتِ فَنَانِينَ مِنَ الجِنِّ وَالإِنْسِ عَلَّ أَحَداً أَنْ يَكُونَ لَدَيْهِ الخَيَالُ الوَاسِعُ، ويَسْتَطِيعُ رَسْمِي، وَلَكِنْ دُونَ جَدْوَى!

* وهَلْ تَعْتَبِرُنِي مِنَ الفَنَانِينَ فِجِئْتَ إِلَيَّ؟... قَالَ عَمْرُوٌ.

* بِالصُّدْفَةِ... رَأَيْتُكَ وَلَفَتَ انْتِباهِي الرُّسُومَاتُ الَّتِي تُعَلِّقُها عَلَى جُدْرَانِ غُرْفَتِكَ... وَكَذَلِكَ حُبُّكَ لِلْقِرَاءَةِ... فَقَرَّرْتُ أَنْ أَبْقَى مَعَكَ لِفَتْرَةٍ، وَكَانَ هَذَا

اليَـوْمُ هُوَ آخِرُ يَوْمٍ لِي مَعَكَ، لأنَّني قَـرَّرْتُ الرَّحيلَ، وَلَكِـنْ عِنْدَمَا رَأَيْتُكَ تَحْمِـلُ أَدَوَاتِ الرَّسْمِ قُلْتُ سَـأَبْقَى لِلَحْظَاتٍ ثُمَّ أَنْطَلِقُ... وَعِنْدَمَا بَدَأْتُ بِرَسْمِ الطَّائِرِ رَأَيْتُ مَلاَمِحِي فَأَخَذْتُ بِالصُّرَاخِ... أَكْمِـلْ... أَكْمِـلْ... فَقَدْ كُنْتُ سَعيداً وَخَائِفاً، وَلَـمْ يَخْطُرْ فِي ذِهْنِي أَنْ تَقُومَ بِرَسْمِي... وَفَوْرَ أَنْ أَنْهَيْتَ رَسْمَ الطَّائِرِ قَفَزْتُ مُسْـرِعاً قَبْلَ أَنْ تُغَيِّرَ فِي الشَّكْلِ أَوْ تَمْسَحَ أَيَّ شَـيْءٍ... آهٍ... أَشْـكُرُكَ يَا صَدِيقِي لِأَنَّكَ أَعَدْتَني إِلَى مَا كُنْتُ عَلَيْهِ، وَأَنَا مُنْذُ اللَّحْظَةِ طَوْعُ أَمْرِكَ...

* طَوْعُ أَمْرِي؟ مَاذَا تَقْصِدُ بِذَلِكَ؟ قَالَ عَمْرُو.

* نَعَـمْ مَا عَلَيْكَ إِلاَّ أَنْ تُكَـرِّرَ بِرَأْسِ قَلَمِكَ عَلَى خُطُوطِ رَسْـمَتي حَتَّى أَظْهَرَ لَكَ مِنْ جَدِيدٍ وَسَأُلبِّي لَكَ طَلَبَكَ، بِشَرْطِ أَنْ لاَ يَكُونَ فِيه ضَرَرٌ لِأَيِّ مَخْلُوقٍ.

* سَتُلَبِّي لِي طَلَبَاتِي...؟ أممممم....! أُرِيدُكَ أَنْ تَرْوِيَ لِي قِصَصاً لَمْ أَسْمَعْ بِهَا مِنْ قَبْلُ وَلَمْ أَقْرَأْهَا فِي كُتُبِي... أُرِيدُهَا قِصَصاً مِمَّا شَاهَدْت فِي حَيَاتِكَ السَّابِقَةِ!!!!!!

* عَمْرو... عَمْرو...!!!!!

* هَذَا صَوْتُ أُمِّي تُنَادِينِي... سِأَعُودُ بَعْدَ قَلِيلٍ...

أَخَذَ عَمْرُوشٌ يُفَكِّرُ بِأَيِّ قِصَّةٍ يَبْدَأُ... فَعَمْرُو يَبْحَثُ عَنْ قِصَصٍ جَدِيدَةٍ وَهُوَ يُرِيدُ أَنْ يُسعِدَهُ بَعْدَ أَنْ خَلَّصَهُ مِنْ سِجْنِهِ...

* آه... بِمَاذَا تَبْدَأُ يَا عَمْرُوشُ؟... بِمَاذَا تَبْدَأُ؟

وَلَمْ يَطُلْ غِيَابُ عَمْرٍو... فَهُوَ مُتَشَوِّقٌ لِسَمَاعِ قِصَصٍ يَتَعَلَّمُ مِنْهَا أَشْيَاءَ جَدِيدَةً.

❋ اسْمَعْ يَا عَمْرو... سَـأَرْوِي لَكَ قِصَصاً لِأَطْفَالٍ تَمَيَّـزُوا بِالـذَّكَاءِ مِثْلَكَ... وَقِصَّتُنَا الأُولَى جَرَتْ أَحْدَاثُهَا مُنْذُ زَمَنٍ بَعِيدٍ عَلَى شَـاطِئِ أَحَدِ الْبُحُورِ... سَـأَرْوِي لَكَ قِصَّةَ الطِّفْلِ الفَنَّانِ زَيْدٍ وَقَارِبِ النَّجَاةِ... هَيَّا بِنَا إِلَى هُنَاكَ...!

تَحَوَّلَ عَمْـرُوشٌ إِلَى هَيْئَةِ الطَّائِرِ الضَّخْمِ، فَرَكِبَ عَمْرُو عَلَى ظَهْرِهِ... وَفِي غَمْضَةِ عَيْنٍ كَانَا عَلَى الشَّاطِئِ.

❋ ❋ ❋

زَيْدٌ وَالقَارِبُ

فِي يَوْمٍ مِنَ الأَيَّامِ أَثْنَاءَ بَحْثِي عَمَّنْ يُخَلِّصُنِي مِنْ سِجْنِي، وَصَلْتُ إِلَى هَذَا المَكَانِ... فَرَأَيْتُ مَجْمُوعَةً مِنَ الأَوْلاَدِ يَلْعَبُونَ عَلَى الشَّاطِئِ، وَكَانَ زَيْدٌ يَلْعَبُ مَعْهُمْ...

رَأَيْتُهُ مُخْتَلِفاً عَنْهُمْ جَمِيعاً، وَقَرَّرْتُ البَقَاءَ قَرِيباً مِنْهُ عِنْدَمَا سَمِعْتُهُ يَقُولُ لِأَصْدِقَائِهِ:

«يَكْفِينَا لَعِباً فَالوَقْتُ ثَمِينٌ، وَإِذَا لَمْ نَسْتَغِلَّهُ بِمَا هُوَ مُفِيدٌ فَإِنَّ عُمْرَنَا سَيَضِيعُ دُونَ أَنْ نَسْتَفِيدَ أَوْ نُفِيدَ!! عَلَيْنَا أَنْ نَعْمَلَ أَشْيَاءَ مُفِيدَةً رُبَّمَا نَحْتَاجُهَا فِي يَوْمٍ مِنَ الأَيَّامِ».

«مِثْلَ مَاذَا يَا فَيْلَسُوف عَصْرِكَ؟...» قَالَ أَحَدُ الأَوْلَادِ.

«أَنْ تَقُومَ يَا مَحْجُوبُ مَثَلاً بِصُنْعِ شَيْءٍ يَحْمِلُكَ، وَيَطْفُو بِكَ عَلَى سَطْحِ المَاءِ...» رَدَّ عَلَيْهِ زَيْدٌ.

ضَحِكَ مَحْجُوبٌ وَمَنْ مَعَهُ مِنْ أَطْفَالٍ مِمَّا قَالَهُ زَيْدٌ... وَلَكِنَّهُ لَمْ يَحْزَنْ لِأَنَّهُ يَعْلَمُ قُدْرَاتِهِ أَنَّهُ إِذَا أَرَادَ أَنْ يَعْمَلَ شَيْئاً عَمِلَهُ بِإِتْقَانٍ.

* عَادَ زَيْدٌ إِلَى بَيْتِهِ وَأَنَا مَعَهُ دُونَ أَنْ يَرَانِي طَبْعاً... وَدَخَلَ إِلَى حَدِيقَةِ مَنْزِلِهِ، وَهُنَاكَ رَأَيْتُ أَقْرَبَ مَا يَكُونُ مِنْ مَعْمَلِ أَبْحَاثٍ... مُعَدَّاتٌ، أَوْرَاقٌ، مِقَصَّاتٌ، مَسَامِيرُ، أَسْلَاكٌ.

فَتَحَ دَفْتَراً مَلِيئاً بِالكِتَابَاتِ وَأَخَذَ يُقَلِّبُ صَفَحَاتِهِ إِلَى أَنْ ثَبَتَ عَلَى صَفْحَةٍ كُتِبَ عَلَى رَأْسِهَا (كَيْفَ

تَصْنَعُ قَارِباً)...

وَفَوْراً بَدَأَ يُحَضِّرُ المَوادَّ المَطْلُوبَةَ، فَأَحْضَرَ صُنْدُوقاً صَغِيراً مِنَ الوَرَقِ المُقَوَّى، أَرْبَعَ بَكَرَاتٍ مِنَ الخُيُوطِ، أَرْبَعَةَ عِيدَانٍ خَشَبِيَّةٍ رَفِيعَةٍ، عَصاً رَفِيعَةً، مِقَصّاً، لاصِقاً، خَيْطاً، مَعْجُونَ تَشْكِيلٍ، قِطْعَةً مِنْ قُماشٍ مُرَبَّعَةً مِنَ النَّايْلُون الَّذِي يَحْجُبُ مُرُورَ الهَوَاءِ.

بَدَأَ زَيْدٌ بِعَمَلِ أَرْبَعَةِ ثُقُوبٍ فِي جَوانِبِ الصُّنْدُوقِ، ثُمَّ أَدْخَلَ عَمُودَيْنِ فِيهِمَا، وَأَدْخَلَ بِكُلِّ طَرَفٍ بَكْرَةً وَثَبَّتَها بِالمَعْجُونِ... قَامَ بِقَصِّ أَرْبَعَةِ شُقُوقٍ فِي مُقَدِّمَةِ الصُّنْدُوقِ، اثْنانِ فِي الأَعْلَى وَاثْنَانِ فِي الأَسْفَلِ... وَأَدْخَلَ فِيهِمَا عَصا الشِّرَاعِ بَعْدَ أَنْ ثَبَّتَ عَمُودَيْنِ مِنَ الخَشَبِ عَلَى طَرَفَيْ قِطْعَةِ القُماشِ.

وَبَقِيتُ أُتَابِعُ زَيْداً إِلَى أَنْ رَأَيْتُ القَارِبَ يَسِيرُ عَلَى

العَجَلَاتِ وَيَطْفُو عَلَى سَطْحِ الْمَاءِ.

وَفِي يَوْمٍ مِنْ أَيَّامِ الشِّتَاءِ، أَعْلَنَ شَيْخُ الْقَرْيَةِ فِي اجْتِمَاعٍ دَعَا إِلَيْهِ الْأَهَالِي، أَنَّ السَّمَاءَ مُلَبَّدَةٌ بِغُيُومٍ لَمْ يَشْهَدْهَا مِنْ قَبْلُ، وَأَنَّ الْمَطَرَ سَيَهْطِلُ بِغَزَارَةٍ لِعِدَّةِ أَيَّامٍ، وَرُبَّمَا يُؤَدِّي ذَلِكَ إِلَى فَيَضَانِ الْمِيَاهِ وَإِغْرَاقِ الْقَرْيَةِ.

«وَمَا الْعَمَلُ؟» قَالَ أَكْثَرُ مِنْ وَاحِدٍ.

«لَا بُدَّ مِنْ إِيجَادِ طَرِيقَةٍ تُؤَمِّنُ لَنَا النَّجَاةَ مِنَ الْغَرَقِ!» قَالَ الشَّيْخُ.

«نَصْعَدُ فَوْقَ الْأَشْجَارِ!! نَنَامُ عَلَى رُؤُوسِ الْجِبَالِ!! نُغْلِقُ عَلَيْنَا أَبْوَابَ مَنَازِلِنَا!! قَالَ أَهْلُ الْقَرْيَةِ.

«كُلُّ هَذَا لَا يَنْفَعُ، فَالْمِيَاهُ سَتَغْمُرُ كُلَّ شَيْءٍ!!» رَدَّ عَلَيْهِمُ الشَّيْخُ.

«أَنَا لَدَيَّ الحَلُّ!!!»...

نَظَرَ الشَّيْخُ إِلَى جِهَةِ الصَّوْتِ... فَرَأَى طِفْلاً يَخْتَرِقُ صُفُوفَ أَهْلِ القَرْيَةِ.

«إِنَّهُ زَيْدٌ!!!» قَالَ مَحْجُوبٌ بِاسْتِغْرَابٍ.

وَبِكُلِّ ثِقَةٍ وَاصَلَ زَيْدٌ سَيْرَهُ حَتَّى وَقَفَ بَيْنَ يَدَيِ الشَّيْخِ، وَقَالَ:

«أَقْتَرِحُ عَلَيْكُمْ أَنْ تَصْنَعُوا قَوَارِبَ خَشَبِيَّةً».

وَلِأَوَّلِ مَرَّةٍ يَتَّفِقُ أَهْلُ القَرْيَةِ عَلَى رَأْيٍ وَاحِدٍ، وَلِأَوَّلِ مَرَّةٍ يَرْجِعُ الصِّغَارُ وَالكِبَارُ إِلَى زَيْدٍ يَسْتَشِيرُونَهُ فِي خُطُوَاتِ تَنْفِيذِ القَوَارِبِ إِلَّا مَحْجُوب.

وَعِنْدَ الفَجْرِ انْهَمَرَ المَطَرُ بِغَزَارَةٍ، وَفِي مَوْعِدِ شُرُوقِ الشَّمْسِ المُخْتَفِيَةِ خَلْفَ الغُيُومِ، كَانَ جَمِيعُ

أَهْلِ الْقَرْيَةِ يَرْكَبُونَ قَوَارِبَهُمْ إِلاَّ مَحْجُوبُ الَّذِي كَانَ وَاقِفاً عَلَى صَخْرَةٍ مُرْتَفِعَةٍ وَيَصْرُخُ طَالِباً النَّجَاةَ.

* آهِ... مَا رَأْيُكَ يَا عَمْرُو فِي قِصَّةِ زَيْدٍ؟

* إِنَّهَا جَمِيلَةٌ... وَأَحْبَبْتُ زَيْداً أَيْضاً! قَالَ عَمْرُو.

* وَالآنَ اسْمَحْ لِي أَنْ أَعُودَ إِلَى أَهْلِي فَقَدْ طَالَتْ غَيْبَتِي عَنْهُمْ! قَالَ عَمْرُوش.

* سَأَسْمَحُ لَكَ بِذَلِكَ وَلَكِنْ بَعْدَ أَنْ تَرْوِيَ لِي قِصَّةً أُخْرَى!! قَالَ عَمْرُو.

* قِصَّةً وَاحِدَةً فَقَطْ... سَأَرْوِي لَكَ قِصَّةَ مُحَمَّدٍ الصَّيَّادِ الذَّكِيِّ!!

❋ ❋ ❋

مُحَمَّدٌ الصَّيَّادُ الذَّكِيُّ

* فِي إِحْدَى سَفَرَاتِي وَبَحْثِي عَمَّنْ يُخَلِّصُنِي، مَرَرْتُ بِبَيْتٍ جَمِيلِ المَنْظَرِ... فَوَجَدْتُ طِفْلاً يُشَكِّلُ بِبَقَايَا حَسَكِ السَّمَكِ مُجَسَّماً لِسَمَكَةٍ كَبِيرَةٍ...

أَعْجَبَتْنِي طَرِيقَةُ عَمَلِهِ، وَشَكْلُ السَّمَكَةِ الغَرِيبَةِ الَّتِي كَانَ يُنَفِّذُهَا، فَقَرَّرْتُ البَقَاءَ وَقُلْتُ رُبَّمَا يَسْتَطِيعُ بِخَيَالِهِ أَنْ يُشَكِّلَ بِالحَسَكِ صُورَةَ الطَّائِرِ الَّذِي كُنْتُ عَلَيْهِ.

وَفِي يَوْمٍ عَادَ لِيُكْمِلَ مُجَسَّمَ السَّمَكَةِ، فَاكْتَشَفَ أَنَّ الحَسَكَ قَدِ انْتَهَى، فَقَرَّرَ أَنْ يَذْهَبَ لِيَصْطَادَ السَّمَكَ مَعَ وَالِدِهِ الصَّيَّادِ الَّذِي كَانَ يَتَفَاءَلُ بِوُجُودِهِ مَعَهُ.

رَمَى الأَبُ صِنَّارَتَهُ وَرَمَى مُحَمَّدٌ صِنَّارَتَهُ وَطَالَ انْتِظَارُهُمَا... مَرَّتْ أَكْثَرُ مِنْ سَاعَةٍ دُونَ أَنْ يَصْطَادَا سَمَكَةً وَاحِدَةً.

«مَا هذَا النَّحْسُ؟» قَالَ الوَالِدُ.

لَمْ يَسْمَعْ مُحَمَّدٌ مَا قَالَهُ وَالِدُهُ وَاسْتَمَرَّ فِي تَغْيِيرِ مَكَانِ صِنَّارَتِهِ فِي المَاءِ.

«إِسْمَعْ يَا مُحَمَّدُ... سَأَذْهَبُ لِلدُّكَّانِ وَأُخْضِرُ شَيْئاً نَأْكُلُهُ». قَالَ الوَالِدُ.

تَحَرَّكَتِ الصِّنَّارَةُ فِي يَدِ مُحَمَّدٍ... شَدَّهَا بِقُوَّةٍ... لَكِنَّهَا خَرَجَتْ خَالِيَةً مِنَ الطُّعْمِ.

«رُبَّمَا يَكُونُ السَّمَكُ كَبِيراً هذَا اليَوْمَ... غَيِّرِ الصِّنَّارَةَ وَضَعْ طُعْماً أَكْبَرَ!» قَالَ لَهُ وَالِدُهُ أَثْنَاءَ ذَهَابِهِ لِلدُّكَّانِ.

لَفَّ مُحَمَّدٌ طَرَفَ الصِّنَارَةِ الجَدِيدَةِ عَلَى يَدِهِ لِكَي يُحِسَّ بِالسَّمَكِ، وَأَلْقَى بِالطَّرَفِ الآخَرِ... وَمَا هِيَ إلاَّ لَحَظَاتٌ حَتَّى انْتَفَضَ وَاقِفاً فِي مَكَانِهِ.

«يَا إلَهِي مَا هَذَا؟ حُوتٌ؟ سَمَكَةُ قِرْشٍ؟ لاَ... إنَّها سَمَكَةٌ غَرِيبَةٌ، لَمْ أَرَ مِثْلَهَا فِي حَيَاتِي، هَذَا مَا جِئْتُ أَبْحَثُ عَنْهُ لِإِكْمَالِ مُجَسَّمِ السَّمَكَةِ!

ارْتَفَعَتِ السَّمَكَةُ فَوْقَ سَطْحِ المَاءِ ثُمَّ غَطَسَت مِن جَدِيدٍ...

«هَا قَدْ أَخْرَجْتُها... هَلْ أَعُودُ لِوَالِدِي؟ أَعْتَقِدُ أنَّهُ عَادَ الآنَ وَبَدَأَ بِالبَحْثِ عَنِّي»؟ قَالَ مُحَمَّدٌ.

* لَيْسَ بَعْدُ... لِي مَطْلَبٌ آخَرُ... وَمِنْ أَجْلِهِ قَرَّرْتُ أَكْلَ طُعْمِكَ وَسَحْبَكَ إلَيَّ! قَالَتِ السَّمَكَةُ مُتَبَاهِيَةً.

«يَبْدُو أنَّها سَمَكَةٌ شِرِّيرَةٌ، وَإِذَا لَمْ أُطِعْهَا فَلَنْ تَسْمَحَ

لِي بِالعَوْدَةِ إِلَى أَهْلِي ... مَا هُوَ طَلَبُكِ؟» قَالَ لَهَا.

﷽ أُرِيدُ أَنْ أَحْكُمَ هَذِهِ المَمْلَكَةَ! قَالَتِ السَّمَكَةُ.

رَدَّ مُحَمَّدٌ غَاضِباً: «وَهَـلْ أَقِفُ فِي طَرِيقِكِ؟ مَا دَخْلِي أَنَا؟ عَالَمِي يَخْتَلِفُ عَنْ عَالَمِكِ» ...

﷽ لَا تَسْتَخِفَّ بِي وَلَا تُغْضِبْنِي، أُرِيدُكَ أَنْ تُسَاعِدَنِي فِي القَبْضِ عَلَى حَاكِمِ المَمْلَكَةِ!!!! فَأَنَا أَحَقُّ مِنْهُ بِحُكْمِهَا! قَالَتِ السَّمَكَةُ.

«وَلِمَاذَا لَا تُمْسِكِينَ بِهِ أَنْتِ؟» قَالَ مُحَمَّدٌ.

﷽ حَاوَلْتُ أَكْثَرَ مِنْ مَرَّةٍ وَلَمْ أَسْتَطِعْ، فَحَوْلَهُ سَمَكٌ كَثِيرٌ يَحْمِيه!

«حَوْلَهُ سَـمَكٌ وَأَنْتِ وَحْدَكِ؟! مِنَ الوَاضِحِ أَنَّ السَّمَكَ يَكْرَهُكِ...» قَالَ مُحَمَّدٌ مُخَاطِباً نَفْسَهُ.

سَحَبَتِ السَّمَكَةُ مُحَمَّداً إِلَى مَكَانٍ قَرِيبٍ مِنْ قَصْرِ الْحَاكِمِ، فَرَأَى السَّمَكَ يَخْرُجُ وَيَدْخُلُ إِلَى الْقَصْرِ وَهُوَ سَعِيدٌ، وَرَأَى الْحَاكِمَ يَتَجَوَّلُ بَيْنَ الأَسْمَاكِ... يُسَلِّمُ عَلَى هَذَا وَيُقَدِّمُ الْمُسَاعَدَةَ لِذَاكَ... يُدَاعِبُ الصِّغَارَ، وَيَسْمَعُ لِلْكِبَارِ.

❊ أَرَأَيْتَ؟ إِنَّهُ لَا يُحِبُّهُمْ قَدْرَ حُبِّي لَهُمْ، هُوَ يُظْهِرُ لَهُمُ الْحُبَّ وَالاهْتِمَامَ!! لِمَاذَا لَا أَكُونُ أَنَا مَكَانَهُ وَيَكُونُ كُلُّ شُيْءٍ لِي؟ قَالَتِ السَّمَكَةُ.

«إِنَّهَا لَيْسَتْ شِرِّيرَةً وَحَسْبُ، وَإِنَّمَا حَقُودَةٌ وَتَكْرَهُ الْخَيْرَ لِلآخَرِينَ»، حَدَّثَ مُحَمَّدٌ نَفْسَهُ.

❊ بِمَاذَا تُفَكِّرُ؟ هَلْ وَجَدْتَ طَرِيقَةً لِصَيْدِ الْحَاكِمِ... أَقْصِدُ لِلإِمْسَاكِ بِالْحَاكِمِ؟ قَالَتِ السَّمَكَةُ.

«نَعَمْ! وَلَكِنِّي لَا أَسْتَطِيعُ صَيْدَهُ... أَقْصِدُ الإِمْسَاكَ

بِهِ... وَأَنَا هُنَا، لَيْسَ لَدَيَّ مَا أَصْطَادُهُ بِهِ!!» قَالَ مُحَمَّدٌ.

* سَأُحْضِرُ لَكَ مَا تُرِيدُ... المُهِمُّ أَنْ تَصْطَادَهُ... وَسَأُقَدِّمُهُ هَدِيَّةً لَكَ تَأْخُذُهُ مَعَكَ... قَالَتِ السَّمَكَةُ.

رَدَّ مُحَمَّدٌ قَائِلاً:

«مَا أُرِيدُهُ لَيْسَ مَوْجُوداً هُنَا وَإِنَّمَا تَرَكْتُهُ عَلَى شَاطِئِ البَحْرِ، لَوْ أَعَدْتَنِي إِلَى هُنَاكَ لَأَحْضَرْتُهُ».

قَالَتِ السَّمَكَةُ بِحَمَاسٍ: هَيَّا بِنَا!! هَيَّا... هَيَّا... هَيَّا!!

أَعَادَتِ السَّمَكَةُ الشِّرِّيرَةُ مُحَمَّداً إِلَى المَكَانِ الَّذِي اصْطَادَتْهُ فِيهِ، وَقَبْلَ أَنْ يَخْرُجَ مِنَ المَاءِ قَالَ لَهَا:

«أُرِيدُكِ أَنْ تُمْسِكِي بِمَا سَأَرْمِيهِ لَكِ»!

* أَسْرِعْ... هَيَّا... هَيَّا!! وَلَا تَتَأَخَّرْ!! إِنَّنِي بِانْتِظَارِ

لَحْظَةِ الخَلاصِ مِنْ هذا الحَاكِمِ وَلَحْظَةِ تَتْويجي حَاكِماً عَلَى المَمْلَكَةِ لأِنْعَمَ بِكُلِّ خَيْراتِها! قالَتِ السَّمكَةُ.

خَرَجَ مُحَمَّدٌ مِنَ المَاءِ فَوَجَدَ والِدَهُ وَمَعَهُ كُلُّ أَهْلِ القَرْيَةِ، فَعَرَفَ أَنَّهُمْ يَبْحَثونَ عَنْهُ فَصاحَ مُنادِياً والِدَهُ، فَهَبَّ كُلُّ مَنْ سَمِعَ صَوْتَهُ وَأَخْرَجُوهُ مِنَ المَاءِ.

«أَنَا أَعْرِفُ أَنَّكُمْ تُرِيدُونَ مَعْرِفَةَ مَا حَصَلَ مَعِي، وَلَكِنْ أُرِيدُ مِنْكُمْ أَنْ تُعِدُّوا طُعْماً كَبِيراً وَخَيْطاً سَمِيكاً». قَالَ مُحَمَّدٌ لِوالِدِهِ وَمَنْ مَعَهُ.

تَعاوَنَ أَهْلُ القَرْيَةِ فِي تَحْضِيرِ مَا طَلَبَهُ، وَأَمْسَكَ مُحَمَّدٌ الصِّنَّارَةَ وَرَمَى بِها إِلَى المَكَانِ الَّذِي تَتَواجَدُ فِيهِ السَّمَكَةُ الشِّرِّيرَةُ.

قَفَزَتِ السَّمَكَةُ فَوْقَ المَاءِ، ثُمَّ غَطَسَتْ إِلَى أَعْماقِ

الْبَحْرِ، وَأَهْلُ الْقَرْيَةِ وَمُحَمَّدٌ يَسْحَبُونَ خَيْطَ الصِّنَّارَةِ الْعَالِقَ فِي فَمِهَا شَيْئاً فَشَيْئاً، حَتَّى ظَهَرَتِ السَّمَكَةُ عَلَى سَطْحِ الْمَاءِ بَعْدَ أَنْ ضَعُفَتْ مُقَاوَمَتُها...

فَتَقَدَّمَ مِنْهَا مُحَمَّدٌ وَهَمَسَ فِي أُذُنِهَا كَلَاماً لَمْ يَسْمَعْهُ أَحَدٌ، فَانْتَفَضَتْ لِلْمَرَّةِ الْأَخِيرَةِ.

٭ مَا رَأْيُكَ بِذَكَاءِ مُحَمَّدٍ يَا عُمْرُو؟ قَالَ الْجِنِّيُّ عَمْرُوشٌ.

٭ قِصَصُكَ لَا يُمَلُّ مِنْهَا، وَلَوْلَا أَنْ وَعَدْتُكَ بِالْعَوْدَةِ إِلَى أَهْلِكَ لَطَلَبْتُ مِنْكَ أَنْ تَرْوِيَ لِي قِصَّةً جَدِيدَةً.
نَظَرَ عَمْرُو إِلَى عَمْرُوشٍ فَلَمْ يَجِدْهُ.

www.ingramcontent.com/pod-product-compliance
Lightning Source LLC
LaVergne TN
LVHW010302200726
843506LV00014B/3356